Eva-Maria Moerke

Lernstationen inklusiv

Sachtexte

Differenzierte Materialien für den inklusiven Deutschunterricht

Die Autorin Dr. Eva-Maria Moerke
Studium der Grundschulpädagogik in Neuzelle mit den Fachrichtungen Arbeitslehre und Schulgartenunterricht, Grundschullehrerin in Eberswalde, Studium der Didaktik und Methodik der deutschen Sprache und Promotion an der Pädagogischen Hochschule Erfurt, tätig in der Lehrerweiterbildung und Lehrerin sowie Fortbildnerin im DaF- und DaZ-Unterricht

Gedruckt auf umweltbewusst gefertigtem, chlorfrei gebleichtem und alterungsbeständigem Papier.

1. Auflage 2015
© Persen Verlag, Hamburg
AAP Lehrerfachverlage GmbH
Alle Rechte vorbehalten.

Das Werk als Ganzes sowie in seinen Teilen unterliegt dem deutschen Urheberrecht. Der Erwerber des Werkes ist berechtigt, das Werk als Ganzes oder in seinen Teilen für den eigenen Gebrauch und den Einsatz im Unterricht zu nutzen. Die Nutzung ist nur für den genannten Zweck gestattet, nicht jedoch für einen weiteren kommerziellen Gebrauch, für die Weiterleitung an Dritte oder für die Veröffentlichung im Internet oder in Intranets. Eine über den genannten Zweck hinausgehende Nutzung bedarf in jedem Fall der vorherigen schriftlichen Zustimmung des Verlages.

Sind Internetadressen in diesem Werk angegeben, wurden diese vom Verlag sorgfältig geprüft. Da wir auf die externen Seiten weder inhaltliche noch gestalterische Einflussmöglichkeiten haben, können wir nicht garantieren, dass die Inhalte zu einem späteren Zeitpunkt noch dieselben sind wie zum Zeitpunkt der Drucklegung. Der Persen Verlag übernimmt deshalb keine Gewähr für die Aktualität und den Inhalt dieser Internetseiten oder solcher, die mit ihnen verlinkt sind, und schließt jegliche Haftung aus.

Grafik: Katharina Reichert-Scarborough, Anke Fröhlich, Julia Flasche
Satz: Satzpunkt Ursula Ewert GmbH, Bayreuth

ISBN: 978-3-403-23456-2

www.persen.de

Inhalt

Einführung 4

Übersicht über die Lernstationen 5

In der Schule – bei uns und anderswo

Station 1: Silbenbögen 8

Station 2: Anlaute von Wörtern. 9

Station 3: Wörter lesen 10

Station 4: Wer arbeitet in der Schule? 11

Station 5: Streiten und Vertragen 13

Station 6: Internet-Recherche zu
             Schule in anderen Ländern 17

In der Natur – unsere heimischen Tiere

Station 1: Silbenbögen 18

Station 2: Anlautsilben 19

Station 3: Wörter lesen 20

Station 4: Was tun die Tiere? 21

Station 5: Tier-Minibücher 22

Station 6: Das Eichhörnchen 25

Station 7: Igel Schnüffelnase 31

Station 8: Der Rotfuchs 32

Station 9: Ein Steckbrief 35

Station 10: Ein Tierbuch vorstellen 36

Station 11: Internet-Recherche zu Tieren . . . 37

Bauwerke aus aller Welt

Station 1: Wörter lesen 38

Station 2: Was ist richtig? 39

Station 3: Der Schiefe Turm von Pisa 40

Station 4: Das Brandenburger Tor 44

Station 5: Burj Khalifa – höchster
             Turm der Welt 46

Station 6: Türme in aller Welt 47

Station 7: Internet-Recherche zu
             Bauwerken 49

Ab aufs Fahrrad – die Elbe entlang!

Station 1: Karten-Piktogramme 50

Station 2: Radfahren auf dem Elberadweg . . 51

Station 3: Der Elberadweg 52

Station 4: Das Heuhotel 53

Station 5: Gierseilfähren 55

Station 6: 3-Fähren-Tour. 56

Station 7: Internet-Recherche
             zum Elberadweg 57

Anhang

Stationskarten 58

Checkliste: Erledigung von Stationen 60

Laufzettel 61

Beobachtungsbogen für die Lehrkraft 62

Arbeitspass für Kinder 63

Quellen 64

Einführung

Das Verstehen von Sachtexten ist eine grundlegende Kompetenz, die für den gesamten folgenden Fachunterricht eine unabdingbare Voraussetzung ist.

In den vorliegenden Arbeitsblättern werden unterschiedliche lineare und nicht-lineare Sachtexte bearbeitet. Dabei sollen sowohl das kursive als auch das selektive Lesen geschult werden.

In vier thematischen Kapiteln, die alle ähnlich aufgebaut sind, findet man differenzierte Unterrichtsmaterialien. Die vorliegenden Lernstationen bestehen dabei sowohl aus einfachen und weniger umfangreichen als auch schwierigen, mit mehrfachen Aufgabentypen versehenen Arbeitsblättern. Der Schwierigkeitsgrad der Arbeitsblätter ist in der Übersicht dargestellt und auf den Kopiervorlagen gekennzeichnet und erleichtert so die Auswahl der geeigneten Aufgaben. Die Materialsammlung ist durch die unterschiedlichen Differenzierungsstufen für den inklusiven Unterricht besonders geeignet.

Es werden die verschiedensten Aufgabentypen verwendet und immer wieder aufgegriffen, sodass sich bestimmte Übungsformen „einschleifen" können. Bei den Leseübungen auf Wortebene werden grundsätzlich die Substantive mit dem Artikel zusammen verwendet, das bietet allen Kindern, die noch nicht sicher in der deutschen Sprache sind, die Möglichkeit, sich das Genus der Substantive einzuprägen. Innerhalb eines Kapitels beginnt man mit leichten Übungen, geht über zu schwierigeren Übungen und endet mit einer Internet-Recherche. Bei dieser sind Suchmaschinen für Kinder zu verwenden und konkrete Fragen oder Kriterien vorgegeben, damit sich die Kinder nicht in den unendlichen Möglichkeiten des Netzes verlieren. Einfache Übungen bestehen oft aus Multiple-Choice-Aufgaben oder Richtig-Falsch- Zuordnungsübungen. Schwierigere Übungen sind dann das Beantworten von Fragen, das Ordnen nach der Reihenfolge und das Finden von Überschriften für Abschnitte. So haben Sie einen Fundus an Lernstationen, mit dem Sie jedes Kind individuell fördern können.

Beim Einsatz der Lernstationen wünsche ich viel Erfolg und Freude für Sie und Ihre Schülerinnen und Schüler.

Eva-Maria Moerke

Übersicht über die Inhalte der Lernstationen

Auf den Arbeitsblättern ist der Schwierigkeitsgrad mit folgenden Symbolen gekennzeichnet:

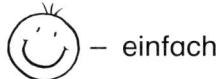 – einfach    – mittel   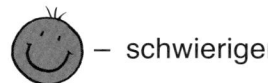 – schwieriger

Thema / Station	Schwierigkeitsgrad	Schwerpunkte	Hinweise
In der Schule – bei uns und anderswo			Verbindung zum Sachunterricht: Mensch und Gemeinschaft / Zusammenleben in der Klasse / Schule
Station 1: Silbenbögen	einfach	Anzahl der Silben erkennen	Für Kinder mit Förderbedarf
Station 2: Anlaute von Wörtern	einfach	Anlaute erkennen	Für Kinder mit Förderbedarf
Station 3: Wörter lesen	einfach	Was ist richtig? Lesen von Wörtern / Multiple Choice	Für Kinder mit Förderbedarf
Station 4: Wer arbeitet in der Schule? (Sätze lesen)	Zweifach differenziert (einfach / mittel)	Multiple-Choice-Sätze / Zuordnungen von drei Teilen: Verbinden von Bild, Wort und Text	Tätigkeiten von Personen erkennen, die in der Schule arbeiten
Station 5: Streiten und Vertragen	Dreifach differenziert (einfach / mittel / schwieriger)	Zum Bild die richtige Aussage ankreuzen / Text und Multiple-Choice-Fragen / Textabschnitte in die richtige Reihenfolge bringen und Überschriften finden, Rollenspiel	Umgang mit Konflikten Partnerarbeit
Station 6: Internet-Recherche zu Schule in anderen Ländern	schwieriger	Zu Schule in anderen Ländern anhand von vorgegebenen Fragen recherchieren, Ergebnisse aufschreiben	Internet-Recherche Ergebnisse vortragen lassen bzw. an der Pinnwand aushängen, als Partner- oder Gruppenarbeit möglich

Thema / Station	Schwierigkeitsgrad	Schwerpunkte	Hinweise
In der Natur – unsere heimischen Tiere			Verbindung zum Sachunterricht: Natur und Umwelt / Tiere
Station 1: Silbenbögen	einfach	Silben erkennen	Für Kinder mit Förderbedarf
Station 2: Anlautsilben	einfach	Anlautsilben erkennen	Für Kinder mit Förderbedarf
Station 3: Wörter lesen	einfach	Was ist richtig? Wörter lesen (Multiple Choice)	Für Kinder mit Förderbedarf

Übersicht über die Inhalte der Lernstationen

Thema / Station	Schwierigkeitsgrad	Schwerpunkte	Hinweise
Station 4: Was tun die Tiere? (Sätze lesen)	einfach	Sätze lesen (Multiple Choice)	Für Kinder mit Förderbedarf
Station 5: Tier-Minibücher	Dreifach differenziert (einfach / mittel / schwieriger)	Minibücher basteln zu Eich- hörnchen und Fuchs, eine Blankovorlage für eigenes Tierbuch	
Station 6: Das Eichhörnchen	Dreifach differenziert (einfach / mittel / schwieriger)	Multiple-Choice-Sätze, Richtiges Satzende ankreuzen, offene Fragen / Textabschnitten Überschriften zuordnen	
Station 7: Igel Schnüffelnase	mittel	Richtig-Falsch-Entscheidungen	
Station 8: Der Rotfuchs	Dreifach differenziert (einfach / mittel / schwieriger)	Überschriften zuordnen, Richtiges Satzende ankreuzen	
Station 9: Ein Steckbrief	schwieriger	Informationen nach Vorgaben des Steckbriefes finden	Partnerarbeit / Gruppenarbeit
Station 10: Ein Tierbuch vorstellen	schwieriger	Ein Sachbuch vorstellen, Vorgabe von Kriterien	Partnerarbeit / Gruppenarbeit
Station 11: Internet-Recherche zu Tieren	schwieriger	Internet-Recherche: Informationen aus dem Internet suchen / Quellen angeben	Ergebnisse vortragen lassen bzw. an der Pinnwand aus- hängen, als Partner- oder Gruppenar- beit möglich

Thema / Station	Schwierigkeitsgrad	Schwerpunkte	Hinweise
Bauwerke aus aller Welt			Verbindung zum Sachunter- richt: Technik und Kultur / Bauen und Konstruieren
Station 1: Wörter lesen	einfach	Was ist richtig? Multiple-Choice-Wörter	Für Kinder mit Förderbedarf
Station 2: Was ist richtig? (Sätze lesen)	einfach	Was ist richtig? Multiple-Choice-Sätze	Für Kinder mit Förderbedarf
Station 3: Der Schiefe Turm von Pisa	Dreifach differenziert (einfach / mittel / schwieriger)	Selektives Lesen / Fragen beantworten / (Multiple Choice) Unterstreichen / Nummerieren	Für Kinder mit Förderbedarf

Übersicht über die Inhalte der Lernstationen

Thema / Station	Schwierigkeitsgrad	Schwerpunkte	Hinweise
Station 4: Das Brandenburger Tor	Zweifach differenziert (mittel/schwieriger)	Gegenseitig Fragen zum Text stellen/Fehler im Text finden und markieren	Partnerarbeit
Station 5: Burj Khalifa – höchster Turm der Welt	mittel	Selektives Lesen Multiple-Choice-Fragen	
Station 6: Türme in aller Welt	Zweifach differenziert (mittel/schwieriger)	Wörter und Wortgruppen lesen/ Richtig-Falsch-Entscheidungen	Partnerarbeit/Gruppenarbeit
Station 7: Internet-Recherche zu Bauwerken	schwieriger	Internet-Recherche zu bekannten Gebäuden oder Sehenswürdigkeiten in Wohnortnähe bzw. in Deutschland oder in anderen Ländern	Ergebnisse vortragen lassen bzw. an der Pinnwand aushängen, als Partner- oder Gruppenarbeit möglich

Thema / Station	Schwierigkeitsgrad	Schwerpunkte	Hinweise
Ab aufs Fahrrad – die Elbe entlang!			Verbindung zum Sachunterricht: Mensch und Gemeinschaft / Radfahren und Deutschland besser kennenlernen
Station 1: Karten-Piktogramme	einfach	Symbolen die Bedeutung zuordnen und erklären	Für Kinder mit Förderbedarf Partnerarbeit
Station 2: Radfahren auf dem Elberadweg	mittel	Aussagen mit Richtig/Falsch bewerten	
Station 3: Der Elberadweg	mittel	Karte und Symbole lesen	
Station 4: Das Heuhotel	Zweifach differenziert (einfach/mittel)	Wörter und Wortgruppen lesen/ Richtig-Falsch-Entscheidungen	Für Kinder mit Förderbedarf
Station 5: Gierseilfähren	schwieriger	Offene Fragen beantworten	
Station 6: Die 3-Fähren-Tour	mittel	Multiple-Choice-Sätze Selektives Lesen	
Station 7: Internet-Recherche zum Elberadweg	schwieriger	Internet-Recherche, Informationen zum Elberadweg finden	Ergebnisse vortragen lassen bzw. an der Pinnwand aushängen, als Partner- oder Gruppenarbeit möglich

In der Schule – bei uns und anderswo

Silbenbögen

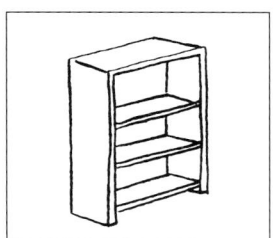  

# Station 2

In der Schule – bei uns und anderswo

Anlaute von Wörtern

 **Verbinde das Bild mit dem richtigen Anlaut.**

 B

 T

 K

 L

 H

 Sch

 R

 U

 T

 A

 B

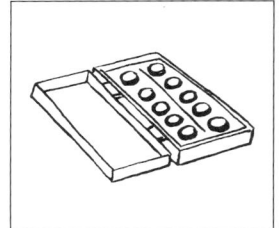

In der Schule – bei uns und anderswo

Wörter lesen

 **Was ist richtig?**

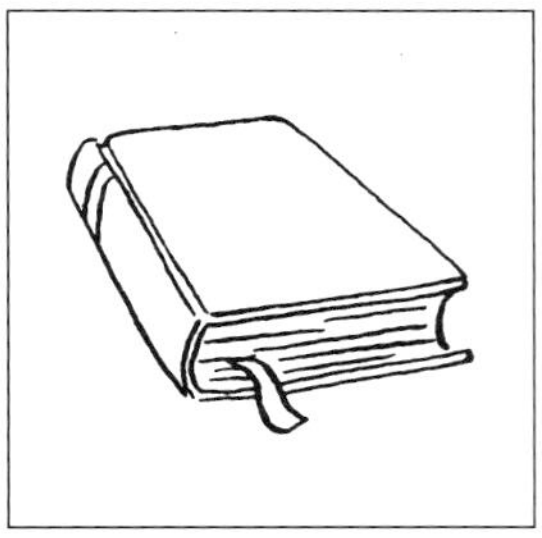

☐ der Bach	☐ die Schere
☐ das Buch	☐ die Schleife
☐ der Ball	☐ die Scheibe

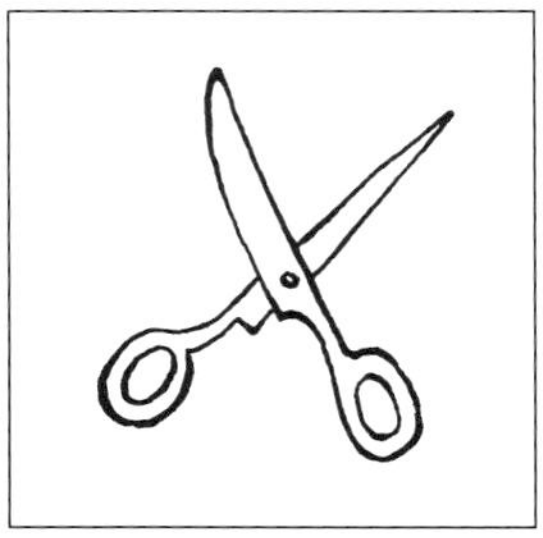

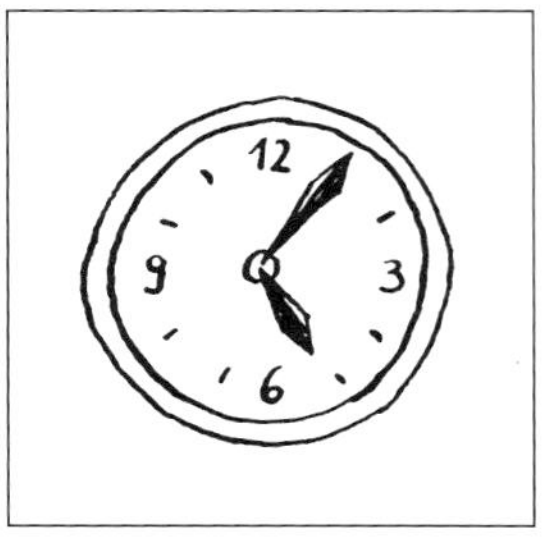

☐ die Uhr	☐ die Blüte
☐ der Uhu	☐ die Blume
☐ das Ufer	☐ der Bleistift

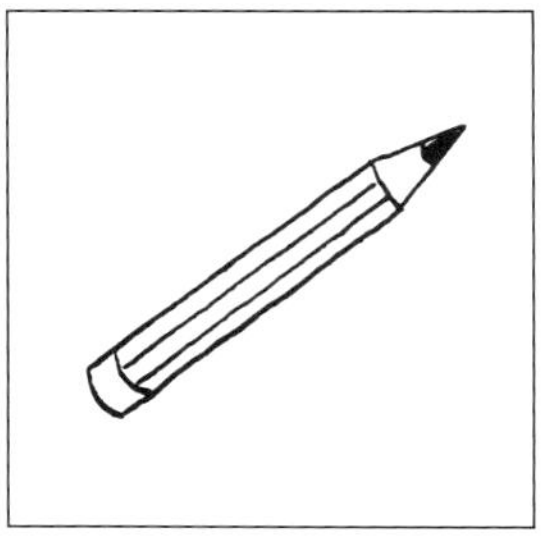

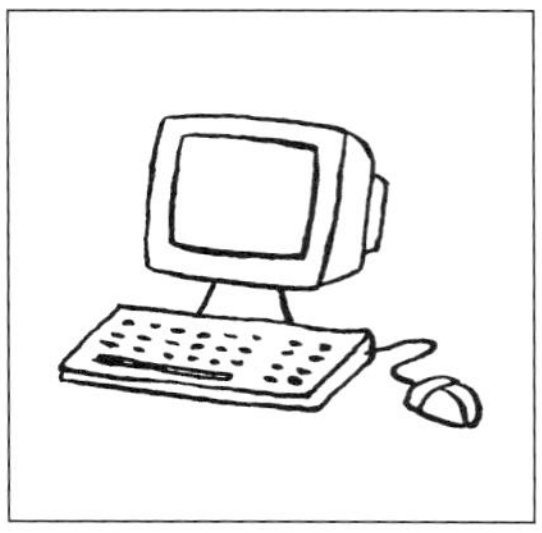

☐ der Cowboy	☐ der Pinsel
☐ der Computer	☐ die Insel
☐ das Camping	☐ der Panzer

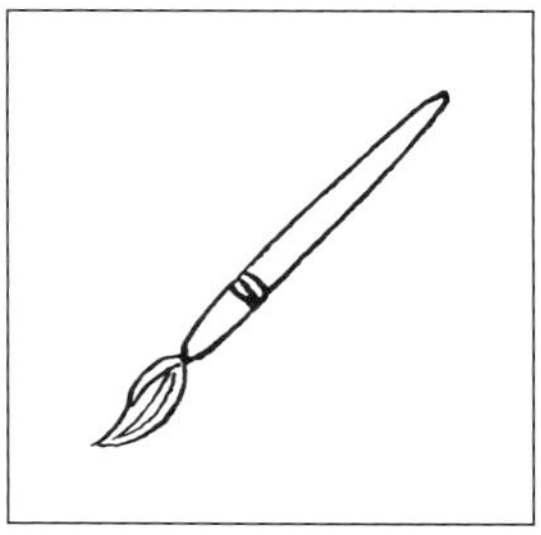

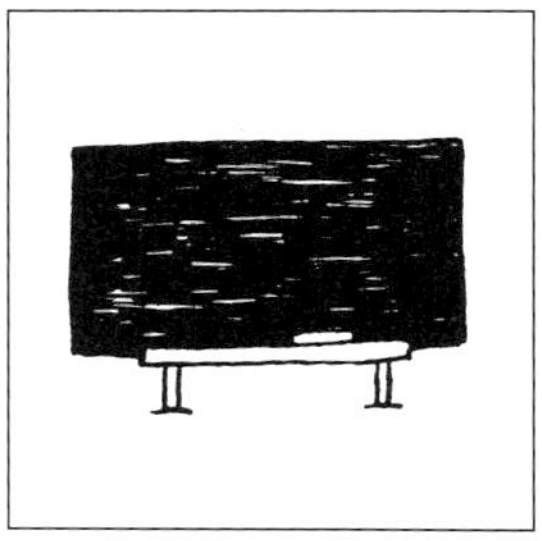

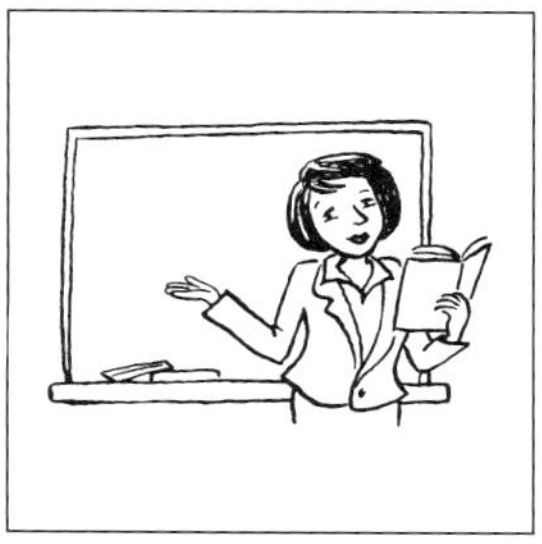

☐ die Tasse	☐ die Leute
☐ die Tafel	☐ das Leben
☐ die Tante	☐ die Lehrerin

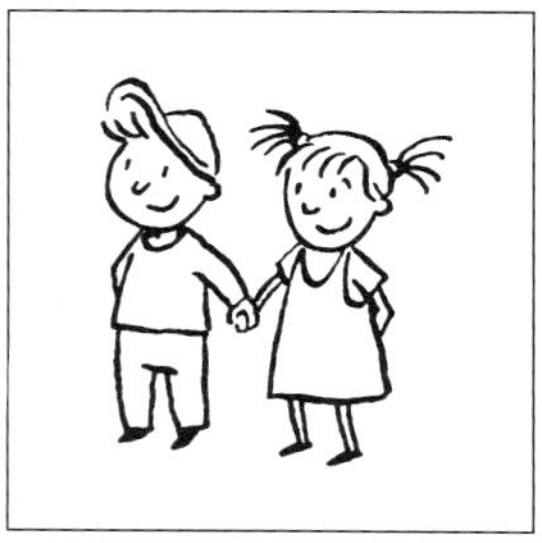

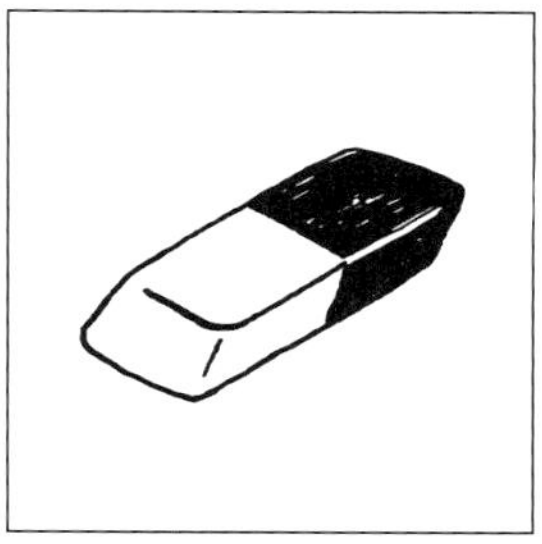

☐ die Kinder	☐ die Rakete
☐ die Kisten	☐ der Radierer
☐ die Kirchen	☐ die Raupe

In der Schule – bei uns und anderswo

Wer arbeitet in der Schule?

Was stimmt? Kreuze an.

☐ Die Lehrerin malt viel.
☐ Die Lehrerin liest vor.

☐ Die Sekretärin telefoniert.
☐ Die Sekretärin trainiert.

☐ Der Hausmeister repariert viele Sachen.
☐ Der Hausmeister kontrolliert die Hausaufgaben.

☐ Der Schulleiter repariert die Bank.
☐ Der Schulleiter wird auch Rektor genannt.

☐ Die Putzfrau fegt aus und wischt auf.
☐ Die Putzfrau macht den Stundenplan.

Station 4/2 — In der Schule – bei uns und anderswo

Wer arbeitet in der Schule?

 **Verbinde richtig.**

der Hausmeister

Er leitet die Schule und sorgt dafür, dass alle Kinder gut lernen können. Er ist auch selbst ein Lehrer. Er verhandelt mit dem Bürgermeister, wenn die Schule renoviert werden muss.

die Putzfrau

Sie gibt den Kindern oft Tipps, wie sie die Aufgaben lösen sollen. Wenn es Streit gibt, hilft sie uns, den friedlich zu lösen.

die Sekretärin

Sie hat einen Wagen mit Putzmitteln. Damit reinigt sie die Räume, die Flure und die Toiletten. Damit der Fußboden im Klassenraum gründlich sauber wird, stellen wir die Stühle hoch.

der Schulleiter

Er repariert beschädigte Bänke und Stühle. Morgens schließt er die Schultüren auf und abends wieder ab, damit kein Fremder in die Schule kommen kann.

die Lehrerin

Zu ihr gehen Schüler, Lehrer und Eltern. Sie ruft die Eltern an, wenn ein Kind krank ist und abgeholt werden muss.

 In der Schule – bei uns und anderswo

Streiten und Vertragen

 Was ist richtig?

☐ Wenn wir ein Problem mit jemandem haben, sprechen wir ihn ganz ruhig an.

☐ Wenn wir ein Problem mit jemandem haben, schreien wir ihn richtig an.

☐ Wenn wir miteinander sprechen, sagen wir unsere Meinung in Beschimpfungen.

☐ Wenn wir miteinander sprechen, sagen wir unsere Meinung in Ich-Botschaften.

☐ Wenn einer redet, hört der andere nicht zu und lässt ihn nicht ausreden.

☐ Wenn einer redet, hört der andere zu und lässt ihn ausreden.

☐ Wenn wir uns einig geworden sind, sprechen wir nicht mehr miteinander.

☐ Wenn wir uns einig geworden sind, geben wir uns die Hand.

In der Schule – bei uns und anderswo

Streiten und Vertragen

Du ärgerst dich über das Verhalten einer Mitschülerin oder eines Mitschülers. Was kannst du tun? Konflikte können wir selbst lösen, zum Beispiel so:

1. Sprich den anderen Mitschüler oder die andere Mitschülerin an. Das kannst du zum Beispiel so machen:

   Ich habe ein Problem mit dir. Kann ich jetzt mit dir darüber reden?

2. Wenn der andere mit dir darüber sprechen will, dann beachtet beide folgende Regeln:
   - Keine Beschimpfungen benutzen
   - Unbedingt Ruhe bewahren
   - Dem anderen zuhören
   - Den anderen ausreden lassen
   - Die Probleme nennen
   - Eine Einigung erzielen

3. Sage mit Ich-Sätzen, wie du das Problem erlebt hast.

   Ich...

4. Bitte dein Gegenüber, aus ihrer oder seiner Sicht etwas dazu zu sagen. Höre gut zu und frage nach, wenn du etwas nicht verstanden hast.

5. Redet darüber, wie es weitergehen soll. Sagt beide, was ihr euch als Lösung wünscht oder wie ihr dazu beitragen wollt.

6. Könnt ihr das Problem lösen? Dazu stellt euch solche Fragen, wie z. B. Bist du einverstanden? Sind wir uns jetzt einig? Wollen wir uns darauf die Hand geben?

7. Wenn ihr das Problem noch nicht lösen könnt, verabredet noch ein neues Gespräch zu einem späteren Zeitpunkt. Denkt über die Argumente des andern nach.

In der Schule – bei uns und anderswo

Streiten und Vertragen

Wie verhält man sich richtig? Kreuze an.

1. Wenn du mit einem Mitschüler ein Problem hast, solltest du
   - [ ] ihn gleich schlagen
   - [ ] ihn darauf ansprechen
   - [ ] ihm die Schultasche wegnehmen …

2. Wenn wir miteinander über das Problem reden
   - [ ] beschimpfen wir uns mit Ausdrücken
   - [ ] schimpfen wir nur ein bisschen
   - [ ] vermeiden wir Beschimpfungen …

3. Bei einem Streitgespräch sollte man unbedingt
   - [ ] Ruhe bewahren
   - [ ] keine Ruhe geben
   - [ ] in Ruhe weggehen …

4. Um klar zu sagen, was uns ärgert, sollte man
   - [ ] den anderen beschimpfen
   - [ ] in Ich-Sätzen sprechen
   - [ ] sich beschweren …

5. Um das Problem zu klären, sollte man
   - [ ] sich die Meinung des anderen anhören
   - [ ] sich die Meinung des anderen nicht anhören
   - [ ] einfach weggehen …

6. Um eine Lösung des Problems zu finden, sollte man
   - [ ] nicht über die Zukunft reden
   - [ ] nur über Vergangenes sprechen
   - [ ] darüber reden, wie es weitergehen soll

7. Wenn man sich einig geworden ist, sollte man
   - [ ] noch einmal von vorn beginnen
   - [ ] sich darauf die Hand geben
   - [ ] nicht mehr mit dem anderen sprechen

8. Wenn man zu keiner Einigung kommt,
   - [ ] kann man nichts mehr tun
   - [ ] geht man ohne Worte nach Hause
   - [ ] verabredet man für später ein neues Gespräch

 In der Schule – bei uns und anderswo

Streiten und Vertragen

1. **Schneide die Abschnitte aus und bringe sie in die richtige Reihenfolge.**
2. **Ergänze die Nummern für die Reihenfolge und finde jeweils eine passende Überschrift.**
3. **Überlegt euch einen Konflikt und spielt das Gespräch.**

Nr. ◯ _____

Könnt ihr das Problem lösen? Dazu stellt euch solche Fragen, wie z. B. Bist du einverstanden? Sind wir uns jetzt einig? Wollen wir uns darauf die Hand geben?

Nr. ◯ _____

Wenn der andere mit dir darüber sprechen will, dann beachtet beide folgende Regeln:

- Keine Beschimpfungen benutzen
- Unbedingt Ruhe bewahren
- Dem anderen zuhören
- Den anderen ausreden lassen
- Die Probleme nennen
- Eine Einigung erzielen

Nr. ◯ _____

Bitte dein Gegenüber, aus ihrer oder seiner Sicht etwas dazu zu sagen.
Höre gut zu. Frage nach, wenn du etwas nicht verstanden hast.

Nr. ◯ _____

Sprich den anderen Mitschüler oder die andere Mitschülerin an. Das kannst du zum Beispiel so machen: Ich habe ein Problem mit dir. Kann ich jetzt mit dir darüber reden?

Nr. ◯ _____

Redet darüber, wie es weitergehen soll. Sagt beide, was ihr euch als Lösung wünscht oder wie ihr dazu beitragen wollt.

Nr. ◯ _____

Wenn ihr das Problem noch nicht lösen könnt, verabredet noch ein neues Gespräch zu einem späteren Zeitpunkt. Denkt über die Argumente des andern nach.

Nr. ◯ _____

Sag mit Ich-Sätzen, wie du das Problem erlebt hast.

Station 6 — In der Schule – bei uns und anderswo

Recherche im Internet

In anderen Ländern ist auch die Schule anders, zum Beispiel gelten andere Regeln. Wähle ein Land aus oder überlege dir selbst eins. Lies im Internet nach. Schreibe einige Informationen auf.

Japan   Frankreich   Türkei   Österreich

Folgende Fragen helfen beim Recherchieren:
- Wie alt sind die Kinder bei der Einschulung?
- Wie viele Jahre dauert die Grundschule?
- Wie viele Kinder sind in einer Klasse?
- Gibt es eine Schuluniform?
- Wo essen die Schüler Mittag?
- Wie lange dauert der Schultag?
- Sind die Lehrer streng?
- Gibt es Strafen, wenn man Regeln in der Schule nicht einhält? Welche?

Land: _____

_____
_____
_____
_____
_____
_____
_____
_____
_____
_____

Eva-Maria Moerke: Lernstationen inklusiv – Sachtexte
© Persen Verlag

In der Natur – unsere heimischen Tiere

Silbenbögen

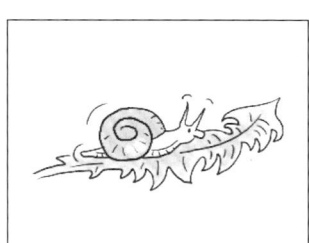

Station 2

In der Natur – unsere heimischen Tiere

Anlautsilben

- Schmet
- Schwei
- Kat
- Maul
- Mäu
- Amei
- Schne
- Eich
- Ha
- En

Eva-Maria Moerke: Lernstationen inklusiv – Sachtexte
© Persen Verlag

 In der Natur – unsere heimischen Tiere

Wörter lesen

 Was ist richtig?

	☐ der Fisch ☐ der Frosch ☐ die Frucht		☐ der Hund ☐ der Hase ☐ das Huhn
	☐ das Huhn ☐ der Hunger ☐ der Hund		☐ die Erbse ☐ die Ente ☐ der Esel
	☐ das Schwein ☐ das Schaf ☐ die Schnecke		☐ das Kamel ☐ die Kämme ☐ die Katze
	☐ die Amsel ☐ die Ameise ☐ die Ananas		☐ die Meise ☐ die Maus ☐ der Maulwurf
	☐ die Schnecke ☐ die Schafe ☐ der Schmetterling		☐ das Eichhörnchen ☐ die Eidechse ☐ die Eiche

Eva-Maria Moerke: Lernstationen inklusiv – Sachtexte
© Persen Verlag

 In der Natur – unsere heimischen Tiere

Was tun die Tiere?

 **Was tun sie?**

- ☐ Die Maus singt und tanzt.
- ☐ Die Maus weint und fragt.

- ☐ Die Ameise trägt einen Hahn.
- ☐ Die Ameise trägt einen Halm.

- ☐ Die Ente fliegt über den Teich.
- ☐ Die Ente schwimmt auf dem Teich.

- ☐ Der Hund zieht an der Leine.
- ☐ Der Hund zieht an der Nase.

- ☐ Der Frosch sitzt auf einem Blatt.
- ☐ Der Frosch sitzt auf einem Berg.

- ☐ Die Schnecke trägt ihr Haus auf dem Rücken.
- ☐ Die Schnecke trägt ihr Huhn auf dem Rücken.

- ☐ Der Maulwurf schaut aus dem Hügel.
- ☐ Der Maulwurf schläft auf dem Hügel.

Eva-Maria Moerke: Lernstationen inklusiv – Sachtexte
© Persen Verlag

In der Natur – unsere heimischen Tiere

Mini-Buch: Das Eichhörnchen

Das Eichhörnchen

Suche die Körperteile.
1 – Schwanz   2 – Fell   3 – Ohren
4 – Krallen   5 – Nagezähne
6 – Sprungbeine

Das Eichhörnchen frisst:

Sein Nest heißt:

☐ Kobol   ☐ Kobul

☐ Kobal

☐ Kobel

Die Feinde des Eichhörnchens sind:

In der Natur – unsere heimischen Tiere

Mini-Buch: Der Rotfuchs

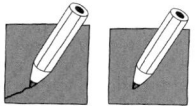

Der Rotfuchs
Verbinde mit dem Bild:

Schnauze mit Fangzähnen

Fell

Ohren

Nase

Beine (Läufe)

Schwanz (Lunte)

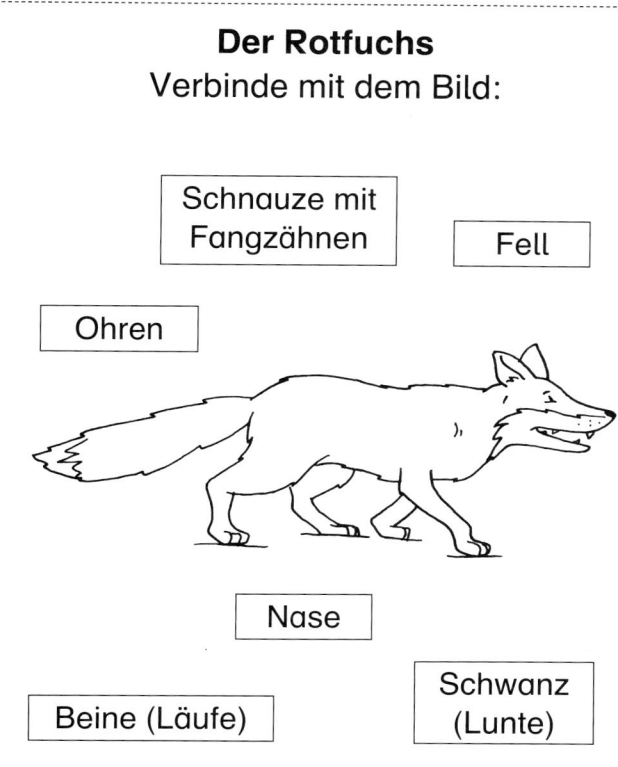

Die Rotfuchs-Familie

_____   _____

Füchsin   Fuchs

_____

Jungtiere

Die Nahrung des Fuchses
Er frisst:

Mäu • • te
Ha • • se
Schne • • gel
Frö • • sen
Vö • • cken
Kä • • fer
Früch • • sche

Im Bau

Im Wald, auf Wiesen und an Feldrändern gräbt sich der Fuchs unter der Erde einen Bau mit mehreren Ausgängen.

Dort kann die Füchsin drei bis fünf Junge zur Welt bringen.

Eva-Maria Moerke: Lernstationen inklusiv – Sachtexte
© Persen Verlag

Station 5/3 — In der Natur – unsere heimischen Tiere

Mein eigenes Mini-Buch

**Wähle dir ein Tier aus. Gestalte dein eigenes Buch.
Male und schreibe.**

Aussehen	Nahrung
Die Jungen	**Besonderes**

In der Natur – unsere heimischen Tiere

Das Eichhörnchen

 Was stimmt?

☐ Ein Eichhörnchen bekommt circa 2 bis 4 Junge.
☐ Ein Eichhörnchen bekommt keine Jungen.

☐ Eichhörnchen leben in Parks auf den Bäumen.
☐ Eichhörnchen bauen sich Höhlen im Boden.

☐ Der buschige Schwanz hilft dem Eichhörnchen beim Springen.
☐ Durch den buschigen Schwanz können sie nicht weit springen.

☐ Das Eichhörnchen frisst Nüsse und Eicheln.
☐ Das Eichhörnchen frisst Federn von Vögeln.

☐ Eichhörnchen halten Sommerruhe.
☐ Eichhörnchen halten Winterruhe.

☐ Das Eichhörnchen wohnt in einem Kobel.
☐ Das Eichhörnchen wohnt in einem Karton.

In der Natur – unsere heimischen Tiere

Das Eichhörnchen (Text)

Akrobaten der Lüfte

Eichhörnchen kann man immer häufiger in Gärten oder Parks sehen.

Sie springen sicher von Baum zu Baum.
Dabei steuern die Eichhörnchen die Richtung des
Sprunges mit dem langen buschigen Schwanz.

Eichhörnchen fressen ziemlich viel:
Etwa fünf Stunden am Tag knabbern sie Nüsse, Eicheln, Bucheckern
und auch Baumrinde.
Die ist nämlich besonders vitaminreich. Dazu trinken sie viel Wasser.

Was sie nicht gleich fressen, verbuddeln sie für den Winter.
Leider sind Eichhörnchen ein bisschen vergesslich
und so sind sie später ständig auf der Suche nach ihren Verstecken.
Dazu brauchen sie einen guten Geruchssinn.
Im Winter müssen sie auch Nahrung zu sich nehmen,
denn sie halten keinen Winterschlaf, sondern Winterruhe.

Eichhörnchen bauen sich genau wie Vögel Nester im Baum.
Diese Behausung nennt man Kobel.
Das Weibchen bringt meist 2 bis 4 Junge zur Welt.
Die Jungen sind bei der Geburt blind, nackt und taub.

In manchen Ländern wird das Tier von Menschen bedroht,
weil diese das Fell nutzen wollen.
Bei uns jedoch ist es ganzjährig geschützt.

In der Natur – unsere heimischen Tiere

Das Eichhörnchen (Aufgaben)

 **Was ist richtig? Kreuze an.**

Eichhörnchen leben	☐ meist auf Bäumen.	☐ nur auf Bäumen.
Ihr kugelförmiges Nest heißt	☐ Hobel.	☐ Kobel.
Im Winter hält es	☐ Winterschlaf.	☐ Winterruhe.
Das Weibchen bringt	☐ 2 bis 4 Junge zur Welt.	☐ ein Junges zur Welt.
Die Jungen sind	☐ bereits mit Haaren bedeckt.	☐ nackt und blind.
Eichhörnchen sind	☐ Säugetiere.	☐ Raubtiere.
Eichhörnchen brauchen	☐ einen guten Geruchssinn.	☐ keinen guten Geruchssinn.
Es frisst gern	☐ Fische und Frösche.	☐ Eicheln und Nüsse.
Das Eichhörnchen trinkt	☐ viel Wasser.	☐ viel Milch.
Bei uns steht das Eichhörnchen	☐ nicht unter Naturschutz.	☐ unter Naturschutz.

In der Natur – unsere heimischen Tiere

Das Eichhörnchen (Text)

Akrobaten der Lüfte

Eichhörnchen sind eher scheu und meiden die Menschen,
trotzdem kann man sie immer häufiger in Gärten oder Parks sehen.

Das kleine Eichhörnchen wiegt nur 250 bis 500 Gramm.
Trotzdem springt der rotbraune Geselle sicher von Baum zu Baum.
Dabei steuert das Eichhörnchen die Richtung seines Sprunges
mit dem langen buschigen Schwanz.
Es kann sich auch von hohen Bäumen auf den Boden fallen lassen.
Es braucht keine Angst zu haben, denn der Schwanz bremst
seinen Flug wie ein Fallschirm.
Darum gelingen dem Eichhörnchen solche akrobatischen Kunststücke,
auf die jeder Zirkuskünstler neidisch sein könnte.

Eichhörnchen fressen ziemlich viel:
Etwa fünf Stunden am Tag knabbern sie Nüsse, Eicheln, Bucheckern
und auch Baumrinde.
Die ist nämlich besonders vitaminreich. Dazu trinken sie viel Wasser.
Sie müssen so viel fressen, denn vor allem die Männchen müssen
möglichst schnell an Gewicht zulegen, um für Kämpfe gegen ihre Rivalen
gerüstet zu sein.
Wer schwerer ist, ist auch kräftiger.
Was sie nicht gleich fressen, verbuddeln sie für Zeiten, in denen es
in der Natur zu wenig oder gar keine Nahrung mehr für sie gibt.
Leider sind Eichhörnchen ein bisschen vergesslich
und so sind sie später ständig auf der Suche nach ihren Verstecken.
Dazu brauchen sie einen guten Geruchssinn.
Im Winter müssen sie auch Nahrung zu sich nehmen,
denn sie halten keinen Winterschlaf, sondern Winterruhe.

Eichhörnchen können auch sehr weit springen,
so retten sie sich vor dem Habicht, der blitzschnell auf sie herabstürzen kann.
Auch der Baummarder jagt dem Eichhörnchen hinterher.
Eichhörnchen bauen sich genau wie Vögel Nester im Baum.
Diese Behausung nennt man Kobel.
Zwei Mal im Jahr bekommt das Eichhörnchen Junge: Diese sind zuerst blind, nackt und taub.
In manchen Ländern wird das Tier von Menschen bedroht,
weil diese das Fell nutzen wollen.
Bei uns jedoch ist es ganzjährig geschützt.

 **Station 6/3**

In der Natur – unsere heimischen Tiere

Das Eichhörnchen (Fragen)

1. Was kann ein Eichhörnchen besonders gut?

2. Welche Aufgaben erfüllt der Schwanz beim Springen?

3. Mit welchen Menschen wird das Eichhörnchen verglichen?

4. Was fressen Eichhörnchen?

5. Warum müssen Eichhörnchen so viel fressen?

6. Was machen Eichhörnchen im Winter?

7. Welche Tiere sind Feinde des Eichhörnchens?

8. Was passiert in manchen Ländern mit dem Eichhörnchen?

9. Wie viel wiegt ein Eichhörnchen ungefähr?

10. Wie nennt man die Behausung des Eichhörnchens?

In der Natur – unsere heimischen Tiere

Das Eichhörnchen

1. **Lies den Text vom Eichhörnchen.**

   ## Das Eichhörnchen

   A _____

   Im Park und im Wald ist das Eichhörnchen zu Hause. Eichhörnchen leben vor allem auf Bäumen. Sie bauen sich ein kugelförmiges Nest, das Kobel genannt wird. Im Winter schläft das Eichhörnchen die meiste Zeit und verlässt den Kobel nur, wenn es Hunger hat. Eichhörnchen sind Winterruher und Einzelgänger. Männchen und Weibchen treffen sich nur zur Paarungszeit.

   B _____

   Im Frühling werden im Nest zwei bis vier Junge geboren. Sie sind in den ersten zwei Wochen nackt und blind und werden von der Mutter gesäugt. Nach vier Wochen strecken die jungen Eichhörnchen zum ersten Mal ihre Köpfe aus dem Kobel.

   C _____

   Dann haben sie auch schon ein rotbraunes Fell. Der buschige Schwanz macht es ihnen leichter, auf den dünnen Ästen herumzuklettern. Eichhörnchen können auch sehr weit springen. So retten sie sich vor dem Habicht, der blitzschnell auf sie herabstürzen kann. Auch der Baummarder jagt den Eichhörnchen hinterher.

   D _____

   Eichhörnchen haben sehr gut entwickelte Sinne. Sie hören, sehen und riechen ausgezeichnet, damit sie ihre versteckten Vorräte wiederfinden.

   E _____

   Um für den Winter vorzusorgen, frisst das Eichhörnchen im Herbst sehr viel. Zehn bis 15 Fichtenzapfen kann es pro Tag abnagen. Eicheln, Bucheckern und Nüsse versteckt es gleichzeitig als Vorräte im Boden. Da seine Nahrung sehr trocken ist, trinkt es viel Wasser. Im Frühling und Sommer frisst das Eichhörnchen auch Larven, Raupen, Käfer, Vogeleier und sogar Jungvögel.

2. **Ordne den Abschnitten A bis E diese Überschriften zu:**
   Die Geburt der Jungtiere
   Die Nahrung des Eichhörnchens
   Die Eichhörnchenwohnung
   Die Feinde des Eichhörnchens
   Die Sinne

Station 7 — In der Natur – unsere heimischen Tiere

Igel Schnüffelnase

Der Igel ist ein Säugetier, das sehr gut riechen und hören kann. In der Dämmerung und am Abend kann man das nachtaktive Tier an Hecken, Büschen und Waldrändern auf der Nahrungssuche beobachten. Igel fressen Insekten, Schnecken, Würmer, Frösche, Eidechsen und Fallobst. Aber sie nehmen auch Eier von Bodenbrütern, zum Beispiel Fasanen. Der Igel hat einige natürliche Feinde, das sind z. B. der Fuchs, der Dachs und der Uhu. Wenn Igel Angst haben, dann rollen sie sich zu einer stachligen Kugel zusammen und bleiben still liegen. Igel werden oft von Fahrzeugen auf der Straße überfahren, denn im Dunkeln ist das 22 bis 30 cm große Tier kaum zu sehen.

Im Winter macht der Igel Winterschlaf, das heißt, er senkt seine Körpertemperatur, um Energie zu sparen. Dabei bleibt er in seinem Nest aus Laub liegen. Im Frühjahr wiegt ein Igel circa 400 Gramm. Im Sommer fressen die Igel sich noch einmal 400 bis 800 Gramm an. Junge Igel haben sich oft nicht genug Winterspeck angefressen, deshalb überstehen einige Tiere einen harten Winter nicht.

Kreuze an.

	☺	☹
Igel können gut hören und sehen.		
Sie fressen Schnecken, Würmer und Fallobst.		
Igel haben keine natürlichen Feinde.		
Bei Gefahr rollen sich Igel zusammen.		
Igel können 500 bis 1000 Gramm wiegen.		
Junge Igel überstehen die Winter gut.		
Autos sind gefährlich für Igel.		

In der Natur – unsere heimischen Tiere

Der Rotfuchs

1. **Lies den Text vom Rotfuchs.**

Der Rotfuchs

A _____

Es ist Herbst. Der Fuchs versteckt sich im Unterholz und schläft.
Erst abends geht er auf die Jagd. Im Eiltempo trippelt er über die Wiesen.

B _____

Der Fuchs kann sehr gut hören und auch ausgezeichnet riechen. Plötzlich bemerkt er eine Maus. Lautlos schleicht er sich heran. Dann springt er hoch in die Luft und landet genau auf der Maus. Nun fängt der Fuchs einen Hasen. Ist die Beute zu groß, versteckt er die Reste. Dann lässt er sich noch ein paar Regenwürmer und Beeren zum Nachtisch schmecken. Der Fuchs gehört zu den Allesfressern.

C _____

Im Januar sucht sich der Fuchs eine Gefährtin, um sich zu paaren. Nach 60 Tagen kommen drei bis fünf Junge, die Welpen, zur Welt. Sie werden von der Füchsin, der Fähe, mit Muttermilch versorgt. Das Männchen, der Rüde, geht inzwischen auf die Jagd.

D _____

Da die Menschen die Füchse immer mehr aus ihrem Lebensraum, dem Wald und dem Feld, verdrängen, tauchen die Tiere auch in Städten auf. Hier finden sie in Mülltonnen genug zu fressen. Doch leider wird der Fuchs auch wegen seines Pelzes von den Menschen gejagt.

2. **Ordne den Abschnitten A bis D diese Überschriften zu:**
   Auf Nahrungssuche
   Der Lebensraum des Fuchses
   Die Paarung und die Aufzucht der Welpen
   Der Fuchs in der Stadt

Station 8/2

In der Natur – unsere heimischen Tiere

Der Rotfuchs

---

1. **Lies den Text vom Rotfuchs.**

> ## Der Rotfuchs
>
> A _____
>
> Es ist Herbst. Die bunten Blätter fallen von den Bäumen. Die Tiere bereiten sich auf den Winter vor. Der Fuchs versteckt sich im Unterholz und schläft. Erst abends geht er auf die Jagd. Im Eiltempo trippelt er über die Wiesen. Ab und zu markiert der Fuchs sein Revier, indem er Urin und Kot hinterlässt. Der Fuchs duldet keinen anderen Artgenossen in seinem Jagdgebiet.
>
> B _____
>
> Der Fuchs kann sehr gut hören und auch ausgezeichnet riechen. Plötzlich bemerkt er im welken Laub eine Maus. Lautlos schleicht sich der schlaue Jäger heran. Dann springt er hoch in die Luft und landet genau auf der Maus. Geschickt! Die Jagd geht weiter. Nun fängt der Fuchs einen Hasen. Ist die Beute zu groß, versteckt er die Reste. Dann lässt er sich noch ein paar Regenwürmer und Beeren zum Nachtisch schmecken. Der Fuchs gehört zu den Allesfressern.
>
> C _____
>
> Im Januar sucht sich der Fuchs eine Gefährtin, um sich zu paaren. Nach 60 Tagen kommen im Frühjahr im Fuchsbau mit mehreren Ausgängen drei bis fünf Junge, die Welpen, zur Welt. Sie haben ein dunkles Fell und werden von der Füchsin, der Fähe, mit Muttermilch versorgt. Das Männchen, der Rüde, geht inzwischen auf die Jagd. Die kleinen Welpen müssen sich besonders vor Adlern und Luchsen vorsehen, wenn sie vor dem Bau spielen.
>
> D _____
>
> Im Herbst verlassen die Jungfüchse eines Abends ihre Familie, laufen viele Kilometer weit und suchen sich ihr eigenes Revier. Nun beginnt das Leben als Einzelgänger. Da die Menschen die Füchse immer mehr aus ihrem Lebensraum, dem Wald und dem Feld, verdrängen, tauchen die Tiere auch in Städten auf. Hier finden sie in Mülltonnen genug zu fressen. Doch leider wird der Fuchs auch wegen seines Pelzes von den Menschen gejagt. Die Tollwut, die der Fuchs überträgt, ist heute in Europa sehr selten geworden, sodass vom Fuchs kaum noch Gefahr ausgeht.

2. **Finde für jeden Abschnitt eine Überschrift.**

In der Natur – unsere heimischen Tiere

Der Rotfuchs

 **Was ist richtig? Kreuze an.**

Die Buchstaben der richtigen Aussagesätze ergeben das Lösungswort.

1. Füchse leben	☐ im Wald, auf Wiesen und an Feldrändern. **R**	☐ nur im Wald. **W**
2. Sie bewohnen einen Bau	☐ mit einem Ein- und Ausgang. **M**	☐ mit mehreren Ausgängen. **A**
3. Der Fuchs „pinkelt" überall hin,	☐ weil er viel trinkt. **N**	☐ um sein Revier zu kennzeichnen. **U**
4. Die Lieblingsspeise des Fuchses sind	☐ Mäuse. **B**	☐ Hühner. **P**
5. Große Tiere, die der Fuchs nicht verspeisen kann,	☐ lässt er für andere Tiere liegen. **E**	☐ vergräbt er. **T**
6. Füchse können besonders gut	☐ sehen und rennen. **U**	☐ hören und riechen. **I**
7. Die Fähe bringt ihre Jungen	☐ im Fuchsbau zur Welt. **E**	☐ im Unterholz des Waldes zur Welt. **K**
8. Die Welpen haben nach der Geburt	☐ ein dunkles Fell. **R**	☐ ein rötliches Fell. **G**

Der Rotfuchs ist ein

☐ ☐ ☐ ☐ ☐ ☐ ☐ ☐ .
1 2 3 4 5 6 7 8

Station 9 — In der Natur – unsere heimischen Tiere

Ein Steckbrief

Welches Tier findest du interessant? Versuche, Informationen über dieses Tier herauszufinden. Nutze Bücher oder das Internet.

Name des Tieres: _____

Aussehen: _____

_____

_____

Lebensraum: _____

_____

Lebensweise: _____

_____

Nahrung: _____

_____

Fortpflanzung: _____

_____

Feinde: _____

In der Natur – unsere heimischen Tiere

Ein Tierbuch vorstellen

Wähle ein Sachbuch zum Thema „Tiere" aus und stelle es deinen Mitschülern vor. Mach dir dazu Notizen.

Mein Sachbuch

Titel: _____

Autor/Autorin: _____

Bilder/Fotos von: _____

Verlag: _____

Seitenanzahl: _____

Diese Sachthemen werden behandelt:

_____

_____

_____

_____

_____

Geeignet für Kinder ab _____ Jahren.

Das gefällt mir besonders:

_____

_____

_____

Station 11

In der Natur – unsere heimischen Tiere

Recherche im Internet

Suche die Antworten im Internet. Nutze Suchmaschinen für Kinder und schreibe die Internet-Adresse auf. Was findest du noch Spannendes? Schreibe eine Frage auf und gib sie einem Partner.

---

www._____

Welche Vögel sind Zugvögel?

_____

_____

_____

_____

---

www._____

Was bedeutet das: Frösche sind wechselwarme Tiere?

_____

_____

_____

_____

---

www._____

Wie sind Ameisen organisiert?
Wer hat welche Aufgaben?

_____

_____

_____

_____

---

www._____

Wie viele Beine haben Maikäfer?

_____

_____

_____

_____

---

www._____

Warum sind Fledermäuse keine Vögel?

_____

_____

_____

_____

---

www._____

Meine Frage:

_____

_____

_____

_____

Eva-Maria Moerke: Lernstationen inklusiv – Sachtexte
© Persen Verlag

Station 1

Bauwerke aus aller Welt

Wörter lesen

Was ist richtig?

- ☐ das Haus
- ☐ die Haut

- ☐ die Kirsche
- ☐ die Kirche

- ☐ die Tür
- ☐ der Turm

- ☐ das Rathaus
- ☐ der Ratschlag

- ☐ die Burg
- ☐ der Berg

- ☐ der Schwimmring
- ☐ das Schwimmbad

- ☐ das Schloss
- ☐ der Schluss

- ☐ die Brücke
- ☐ die Büchse

- ☐ der Balkon
- ☐ der Bahnhof

- ☐ der Supermarkt
- ☐ die Supermama

Station 2 — Bauwerke aus aller Welt

Sätze lesen

Was ist richtig?

- ☐ Auf einer Burg lebten früher Ritter.
- ☐ Auf einer Burg leben heute Ritter.

- ☐ Eine Brücke geht über Flüsse, Straßen oder Bahnen.
- ☐ Eine Brücke geht unter Flüssen, Straßen oder Bahnen hindurch.

- ☐ Im Rathaus arbeitet die Schuldirektorin.
- ☐ Im Rathaus arbeitet der Bürgermeister.

- ☐ Auf einem Bahnhof halten Züge.
- ☐ Auf einem Bahnhof halten Ziegen.

- ☐ In einem Schwimmbad kann man braten und spucken.
- ☐ In einem Schwimmbad kann man baden und spielen.

- ☐ In einen Supermarkt geht man zum Einkaufen.
- ☐ In einen Supermarkt geht man zum Klettern.

Station 3/1 Bauwerke aus aller Welt

Der Schiefe Turm von Pisa

Der schiefe Turm

Warum ist der Turm schief?
Er wurde vor vielen Jahren in Pisa gebaut.
Es gab noch keine moderne Technik.
Der Boden war aus Sand und Lehm.
Als man drei Stockwerke gebaut hatte,
rutschte der Boden weg.
Der Turm begann sich zu neigen.
Keiner konnte helfen.
So wurde der Turm 54 Meter hoch,
aber schief gebaut.

Kreuze an.

1. Der Turm wurde vor vielen Jahren
   - ☐ gebaut.
   - ☐ geklaut.

2. Man baute den Turm auf einem Boden aus
   - ☐ Sand und Lehm.
   - ☐ Stein und Granit.

3. Zu der Zeit gab es
   - ☐ ganz moderne Technik.
   - ☐ keine moderne Technik.

4. Nach dem Bau von drei Etagen sackte
   - ☐ der Boden weg.
   - ☐ der Turm zusammen.

5. Der Turm wurde am Ende 54 Meter hoch,
   - ☐ aber gerade gebaut.
   - ☐ aber schief beendet.

Station 3/2

Bauwerke aus aller Welt

Der Schiefe Turm von Pisa

Der Schiefe Turm von Pisa

Kennst du dieses Gebäude? Es steht in der italienischen Stadt Pisa. Vor über 800 Jahren planten die Architekten den Bau eines Glockenturms. Es sollte ein prächtiger Turm aus Marmor werden. Es war geplant, dass er 100 Meter hoch sein sollte. Nach zwölf Jahren Bauzeit war man bei der dritten Etage angekommen. Nun merkten die Erbauer, dass sich der Turm zur Seite neigte. Grund dafür war der lockere Sand- und Lehmboden. Außerdem war das Gebäude durch den Marmor viel zu schwer. Weil niemand wusste, was man da tun konnte, hörte man erst einmal auf zu bauen. Erst 100 Jahre später baute man weiter. Die nächsten vier Stockwerke setzte man schräg auf, um die Schieflage auszugleichen. Der Turm blieb schief. Im Jahre 1372 wurde der Turmbau mit einer Höhe von 54 Metern beendet. Jedes Jahr besichtigen viele Menschen diesen Turm.

Beantworte die Fragen.

1. In welcher Stadt steht der berühmte Turm?

2. In welches Land musst du reisen, um den Turm zu besichtigen?

3. Wie hoch sollte der Turm am Anfang werden?

4. Warum wurde der Turm schief?

5. Wie viel Stockwerke hat der Schiefe Turm jetzt?

6. Wie hoch ist der Turm insgesamt?

Station 3/3

Bauwerke aus aller Welt

Der Schiefe Turm von Pisa (1)

1. **Lies den Text.**

   #### Der Schiefe Turm von Pisa

   Eines der berühmtesten Bauwerke steht in der italienischen Stadt Pisa. Vor über 800 Jahren baute man dort einen riesigen Dom. Er hatte aber noch keinen Glockenturm. Die Architekten planten deshalb einen prächtigen, runden Turm aus schwerem Marmor neben dem Kirchengebäude. Am 9. August 1173 wurde der Grundstein für den Turm gelegt, der eine Gesamthöhe von 100 Metern haben sollte.

   Nach 12 Jahren – drei Etagen waren fertig – merkten die Erbauer, dass der Turm nach Südosten kippte. Grund dafür war, dass der Lehm- und Sandboden unter dem Fundament nachgab. Da man keine Lösung fand, ruhte der Bau für 100 Jahre. Um die schiefe Lage auszugleichen, wurden die nächsten vier Stockwerke dann schräg gebaut. Doch diese Idee führte zu keiner Veränderung. Der Turm blieb schief und wurde 1372 mit dem Aufhängen der sieben Glocken beendet. Wegen der gefährlichen Schräglage war er aber nur 54 Meter hoch.

   Trotzdem drohte er immer noch einzustürzen. Ab 1990 wurde er gesperrt und Sanierungsarbeiten begannen. Mit 18 Stahlreifen sicherte man die Bereiche, in denen schon Risse im Marmor zu sehen waren. Später wurde die höhere Seite des Fundaments mit 900 Tonnen Blei schwerer gemacht, damit der Turm einen Teil seiner Neigung verlor. Immerhin konnte er um 44 Zentimeter gerade gerückt werden. Heute können Besucher aus aller Welt den geretteten Turm wieder von innen besichtigen. Und schließlich freuen sich auch die Menschen in Pisa über ihren schiefen Turm.

2. **Löse nun die Leseaufgaben.**

   a) Wo steht der berühmte Turm? Kreuze an.
   ☐ Riesa
   ☐ Pisa
   ☐ Riga

   b) Warum wurde er gebaut? Suche die Textstelle und schreibe einen kurzen Satz.

   _____

   _____

Station 3/3 — Bauwerke aus aller Welt
Der Schiefe Turm von Pisa (2)

c) Nummeriere die Ereignisse in der richtigen Reihenfolge.

☐ Nach 100 Jahren baute man weitere vier Stockwerke.

☐ 1372 war der Bau des Turms mit einer Höhe von 54 Metern abgeschlossen.

☐ Früher baute man langsamer und so waren nach 12 Jahren drei Etagen fertig.

[1] Vor über 800 Jahren wurde der Grundstein für den Turm gelegt.

☐ 1990 begann die Rettung des vom Einsturz bedrohten Turmes.

d) Was sind Sanierungsarbeiten? Kreuze an.
☐ Der Turm wird gereinigt.
☐ Der Turm wird neu gestrichen und verschönert.
☐ Schäden am Turm werden ausgebessert, um einen Einsturz zu verhindern.

e) Warum ist der Turm schief?
Unterstreiche die Antwort im Text.

f) Welche Maßnahmen trugen zur Rettung des Turmes bei? Kreuze an.
☐ Risse im Marmor wurden mit Stahlreifen gesichert.
☐ Der Turm wurde um drei Etagen gekürzt.
☐ Der höhere Teil des Fundaments wurde mit Blei beschwert, um die Neigung zu verringern.

g) Wie reagieren die Menschen heute? Kreuze an.
☐ Sie ärgern sich über ihren schiefen Turm.
☐ Er ist ihnen egal.
☐ Sie sind stolz auf ihr berühmtes Bauwerk.

Station 4/1

Bauwerke aus aller Welt

Das Brandenburger Tor

Im zweiten Text sind 10 Fehler. Findet und markiert sie.

Das Brandenburger Tor

Berlin ist die größte Stadt Deutschlands und die Hauptstadt der Bundesrepublik Deutschland. Ein bekanntes Wahrzeichen ist das Brandenburger Tor. Es ist als einziges Stadttor von Berlin nach dem Krieg erhalten geblieben.

Für die Deutschen hat das Brandenburger Tor noch eine besondere Bedeutung. Fast dreißig Jahre lang trennte das Tor die Stadt in zwei Teile, in Ost-Berlin und West-Berlin. Nach der Wende in der DDR wurde das Tor erst 1989 für alle geöffnet. Damit wurde es zu einem wichtigen Symbol der deutschen Wiedervereinigung.

Auf der Spitze des Tores steht eine Kutsche, die von vier Pferden gezogen wird. Die Siegesgöttin Viktoria lenkt die Kutsche. Die Berliner nennen dieses Viergespann Quadriga.

Das Berliner Tor

Berlin ist die kleinste Stadt Deutschlands und die Hauptstadt der Bundesrepublik Polen. Ein bekanntes Wahrzeichen ist das Brandenburger Schloss. Es ist als einziges Stadttor von Bonn nach dem Krieg erhalten geblieben.

Für die Deutschen hat das Brandenburger Tor noch eine besondere Bedeutung. Fast siebzig Jahre lang trennte das Tor die Stadt in zehn Teile, in Ost-Berlin und West-Berlin. Nach der Wende in der DDR wurde das Tor erst 1789 für alle geöffnet. Damit wurde es zu einem wichtigen Symbol der deutschen Wiedervereinigung.

Auf der Spitze des Tores steht eine Kirche, die von vier Kühen gezogen wird. Die Siegesgöttin Viktoria lenkt die Kutsche. Die Berliner nennen dieses Viergespann Quadriga.

Station 4/2

Bauwerke aus aller Welt

Das Brandenburger Tor

Stellt euch gegenseitig Fragen zum Text. Jeder schreibt drei Fragen auf einen Zettel. Dann tauscht ihr mit dem Partner und beantwortet die Fragen. Kontrolliert euch gegenseitig.

Das Brandenburger Tor

Berlin ist die größte Stadt Deutschlands und die Hauptstadt der Bundesrepublik Deutschland. Ein bekanntes Wahrzeichen ist das Brandenburger Tor. Unter der Leitung des Architekten Carl Gotthard Langhans wurde es vor etwa 200 Jahren gebaut. Es war eines von 14 Toren der Stadtmauer, die um das damalige Berlin gebaut wurde. An den Toren musste sich jeder, der Berlin betrat oder verließ, kontrollieren lassen. Heute ist es als einziges Stadttor von Berlin nach dem Krieg erhalten geblieben. Alle anderen wurden im Krieg völlig zerstört. Auch das Brandenburger Tor wurde zwischendurch zerstört und musste wieder aufgebaut werden. Besonders groß waren die Zerstörungen des Tores und seiner Umgebung am Ende des II. Weltkrieges im Mai 1945. Für die Deutschen hat das Brandenburger Tor noch eine besondere Bedeutung. Fast dreißig Jahre lang trennte das Tor die Stadt in zwei Teile, in Ost-Berlin und West-Berlin. Es stand zuletzt im Sperrgebiet. Die Menschen konnten es nur sehen, aber nicht betreten. Nach der Wende in der DDR und einem großen Freudenfest wurde das Tor erst 1989 für alle geöffnet. Damit wurde es zu einem wichtigen *Symbol* der deutschen Wiedervereinigung.

Auf der Spitze des Tores steht eine Kutsche, die von vier Pferden gezogen wird. Die Siegesgöttin Viktoria lenkt die Kutsche. Die Berliner nennen dieses Viergespann *Quadriga*. Auch dieses Pferdegespann hat eine sehr spannende Geschichte hinter sich. Im Jahre 1807 wurde es von den Soldaten des französischen Kaisers Napoleon als Kriegsbeute nach Paris verschleppt. Aber schon wenige Jahre später holten die Preußen dieses Schmuckstück zurück und fügten in den Kranz auf dem Stab der Friedensgöttin noch ein Eisernes Kreuz ein. Am Ende des II. Weltkrieges im Jahre 1945 wurde das Tor und die Quadriga erneut schwer beschädigt. Glücklicherweise haben die Berliner die originalen Gussformen für die Figuren noch gefunden und so konnte alles wieder wie im Original hergestellt werden. Und so kann man das Wahrzeichen Berlins heute wieder in voller Pracht besichtigen.

Station 5

Bauwerke aus aller Welt

Burj Khalifa – höchster Turm der Welt

Der zurzeit höchste Turm der Welt steht in Dubai. Dubai ist eine sehr moderne Stadt in den Vereinigten Arabischen Emiraten. Auf Deutsch schreibt man den Namen des Turmes Burdsch Chalifa. Er ist 828 m hoch und wurde in nur sechs Jahren erbaut. Das Gebäude wurde am 4. Januar 2010 eingeweiht. In dem Turm gibt es 163 genutzte Etagen. Dort befinden sich ein Hotel, Restaurants, viele Büros, Fitnessstudios und Wohnungen. Um alles gut zu erreichen, wurden 57 Aufzüge und 8 Fahrtreppen eingebaut.

In der 124. Etage befindet sich eine Aussichtsplattform. Das ist in 452 Metern Höhe. Bei klarer Sicht kann man fast 100 km weit sehen. In Deutschland steht das höchste Gebäude in Frankfurt am Main. Es ist der Commerzbank-Tower mit 56 Etagen und 259 Metern Höhe.

Kreuze an, was stimmt.

1. ☐ Der höchste Turm der Welt steht in Frankfurt/Main.
   ☐ Der höchste Turm der Welt steht in Dubai.

2. ☐ Der Turm ist fast 830 Meter hoch.
   ☐ Der Turm ist genau 830 Meter hoch.

3. ☐ Der Burj Khalifa hat 56 Etagen.
   ☐ Der Burj Khalifa hat 163 Etagen.

4. ☐ Im Burj Khalifa gibt es auch ein Hotel und Restaurants.
   ☐ Im Burj Khalifa gibt es nur Wohnungen und Fitnessstudios.

5. ☐ Von der Aussichtsplattform kann man 1 km weit sehen.
   ☐ Von der Aussichtsplattform kann man 100 km weit sehen.

6. ☐ Deutschlands höchstes Hochhaus hat 56 Etagen und ist 259 m hoch.
   ☐ Deutschlands höchstes Hochhaus hat 65 Etagen und ist 259 m hoch.

Station 6/1

Bauwerke aus aller Welt

Türme in aller Welt

Stellt euch gegenseitig Fragen zu den Türmen, zum Beispiel: Wie hoch ist der Fernsehturm?

324 m	368 m	448 m	452 m	828 m
Eiffelturm	Fernsehturm	Empire State Building	Petronas Towers	Burdsch Chalifa
Paris Frankreich	**Berlin** Deutschland	**New York** USA	**Kuala Lumpur** Malaysia	**Dubai** Vereinigte Arabische Emirate
Bau fertig: **1889**	Bau fertig: **1969**	Bau fertig: **1931**	Bau fertig: **1998**	Bau fertig: **2010**

Station 6/2

Bauwerke aus aller Welt

Fragen zu den Bauwerken

Sieh dir das Arbeitsblatt mit den Türmen aus aller Welt genau an (siehe Station 6/1). Lies die Namen der Türme, die Höhe, die Stadt und das Land, in dem sie stehen, und das Jahr der Fertigstellung. Du kannst auch mit einem Partner arbeiten.

Beantwortet die Fragen.

1. Welches ist der höchste Turm der Welt?

2. In welchem Land und in welcher Stadt steht der höchste Turm der Welt?

3. Wann ist der höchste Turm fertig geworden?

4. Wie hoch ist der Berliner Fernsehturm?

5. In welchem Land steht der Berliner Fernsehturm?

6. Wann wurde der Berliner Fernsehturm fertiggestellt?

7. In welcher Stadt befindet sich das Empire State Building?

8. Wie heißt das höchste Gebäude in Malaysia?

9. Wann wurde der Pariser Eiffelturm fertig?

10. Schreibe eine eigene Frage auf.

Station 7

Bauwerke aus aller Welt

Recherche im Internet

Suche Informationen zu den Themen im Internet und ergänze die Felder.
Schreibe die Internet-Adresse dazu auf.

Besondere Bauwerke sind oft auch Sehenswürdigkeiten, die viele Leute besuchen.

Welche Sehenswürdigkeiten gibt es in deiner Nähe? Was findest du darüber heraus?

www._____

_____

_____

Suche Informationen über Sehenswürdigkeiten in anderen Ländern.

www._____

_____

www._____

_____

www._____

_____

Manche Sehenswürdigkeiten sind zugleich Wahrzeichen ihrer Stadt, wie z. B. der Kölner Dom. Finde weitere Wahrzeichen aus deutschen Städten oder aus Städten der Welt.

www._____

_____

www._____

_____

www._____

Station 1

Ab aufs Fahrrad – die Elbe entlang!

Karten-Piktogramme

Was bedeuten die Zeichen? Ordnet den Bildern die richtigen Namen zu. Schreibt auf, was sie bedeuten.

ein Restaurant – eine Tourist-Information – eine Sehenswürdigkeit – Öffentliche Verkehrsmittel – eine Fähre – eine Radservice-Station – eine Unterkunft – ein Ort

Bild	Name	Bedeutung
(Schiff)	eine Fähre	Hier setzt man mit einer Fähre (einem speziellen Schiff) über den Fluss.
(Stern)		
(Fahrrad unter Dach)		
(Ort-Schild)		
(Bett)		
(Besteck)		
(i)		
(Bus)		

50   Eva-Maria Moerke: Lernstationen inklusiv – Sachtexte
© Persen Verlag

Station 2

Ab aufs Fahrrad – die Elbe entlang!

Radfahren auf dem Elberadweg

Radfahren macht Spaß

Aber geht das auch einen ganzen Urlaub lang?
Ja! Es gibt in Deutschland viele familienfreundliche Radwege.
Ein ganz langer Radweg ist der Elberadweg.
Ungefähr 860 km sind es von Schmilka in
Sachsen bis Cuxhaven in Niedersachsen.
Die Elbe fließt durch 6 Bundesländer, manchmal
bildet sie nur die Grenze zwischen zwei Bundesländern. Große Städte wie Dresden, Magdeburg und Hamburg liegen an der Elbe.
Teilweise führt der Radweg durch Naturschutzgebiete. Es gibt also sehr viel zu
entdecken. Vor der Radtour muss man erst planen: Wie viele Tage haben wir Zeit?
Wie viel Kilometer können wir pro Tag fahren? Was wollen wir uns ansehen?
Wo übernachten wir? Müssen wir die Elbe überqueren? Gibt es dort Brücken
oder nehmen wir eine Fähre? Wie wird das Gepäck transportiert?

Was stimmt? Kreuze an.

	☺	☹
Der Elberadweg ist 860 km lang.		
Er führt durch 6 Bundesländer.		
Am Elberadweg liegt die Stadt Hamburg.		
Der Elberadweg führt auch durch Naturschutzgebiete.		
Eine längere Radtour muss man nicht planen.		
Dresden liegt nicht am Elberadweg.		
Der Elberadweg ist 680 km lang.		
Er führt durch 16 Bundesländer.		
Der Elberadweg beginnt bei Berlin.		
Der Elberadweg führt nur durch die schönsten Naturschutzgebiete.		
Eine längere Radtour muss man gut planen.		

Eva-Maria Moerke: Lernstationen inklusiv – Sachtexte
© Persen Verlag

Station 3

Ab aufs Fahrrad – die Elbe entlang!

Der Elberadweg

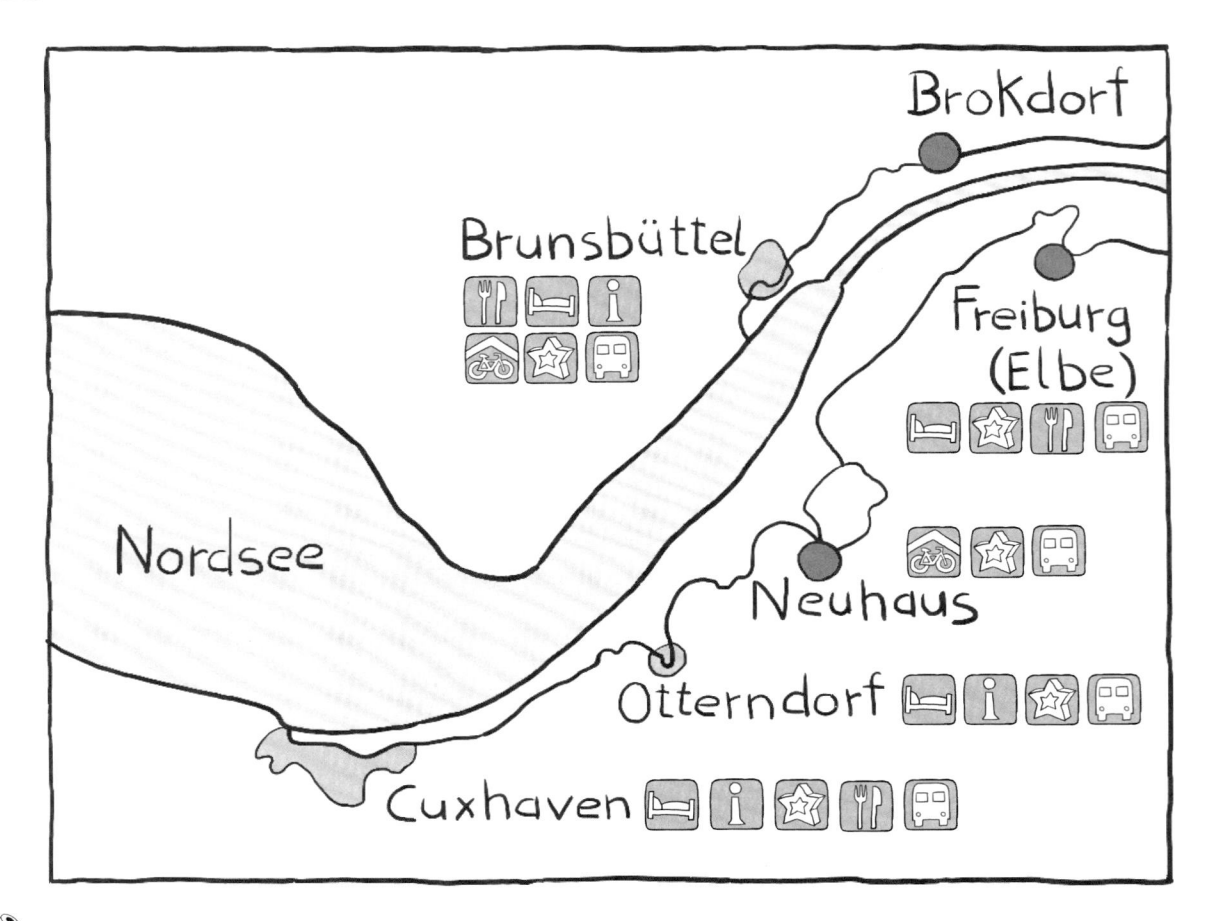

Der Elberadweg führt auf diesem Stück durch verschiedene Orte.
Zeichne den Radweg mit einem farbigen Stift nach.
Beantworte die Fragen.

1. An welchem Meer liegt Cuxhaven?

2. Kann man in Cuxhaven übernachten?

3. Wo kann man sein Rad reparieren lassen?

4. Wo kann man in diesem Abschnitt mit einer Fähre die Elbe überqueren?

5. In welchen Orten gibt es Sehenswürdigkeiten?

6. In welchen Orten gibt es eine Übernachtungsmöglichkeit?

7. Wo gibt es eine Tourist-Information?

Station 4/1

Ab aufs Fahrrad – die Elbe entlang!

Das Heuhotel

Verbinde die Wörter mit dem Bild.

- das Hotel
- eine Wolke am Himmel
- das Schild auf dem Dach
- ein Kind im Heu
- das Fenster
- der Eingang zur Werkstatt
- das Fahrrad
- das Tor
- die Schaukel
- ein Busch vor dem Tor
- der Baum
- das Heu
- zwei Kinder auf der Wippe

Eva-Maria Moerke: Lernstationen inklusiv – Sachtexte
© Persen Verlag

Station 4/2

Ab aufs Fahrrad – die Elbe entlang!

Das Heuhotel

Das einzigartige Heuhotel
Beim Übernachten ein Abenteuer erleben!

- Hier können Sie in einem großen Raum auf echtem Heu schlafen.
- Genießen Sie den irren Duft von frischem Heu.
- Strengstes Rauchverbot im gesamten Hotel.
- Ihre Kinder werden begeistert sein.
- Fahrradfreundlicher Gastbetrieb.
- Nahrhaftes Frühstück im gemütlichen Gastraum.
- Unterstellmöglichkeit für Ihre Fahrräder.
- Kleine Werkstatt inklusive.
- Toller Spielplatz im Innenhof.

Das einzigartige Heuhotel
Inh.: Maria und Peter Müller
Schmale Straße 24
39248 Neudorf/Elbe
Telefon: 039298/24245
E-Mail: einzigartigesheuhotel@gml.de

---

1. Entscheide: richtig oder falsch.

Aussage	☺	☹
In dem Hotel kann man auf echtem Heu schlafen.		
Das Hotel befindet sich nicht an der Elbe.		
Hier gibt es auch Frühstück im Heu.		
Auf dem Hotelgelände befindet sich ein Spielplatz.		
Fahrräder können in einer Werkstatt repariert werden.		
Die Bestellung ist nur telefonisch möglich.		
Das Hotel gehört der Familie Müller.		

2. Woran erkennt man, dass das ein Werbetext für das Hotel ist?

_____

_____

Station 5

Ab aufs Fahrrad – die Elbe entlang!

Gierseilfähren

Auf dem Elberadweg muss man des Öfteren den Fluss überqueren. Manchmal gibt es über viele Kilometer keine Brücken. Um auf die andere Seite zu gelangen, kann man Fähren benutzen. Eine ganz besondere Art der Fähren sind die Gierseilfähren, die die Flüsse nur mit der Kraft der Flussströmung überwinden. Gieren bedeutet, eine Drehbewegung um die Achse des Schiffes zu machen. Diese Technik erfand der Niederländer Hendrick Heuck schon im Jahre 1657. Eine Gierseilfähre hängt an einem langen Drahtseil, das sich kurz vor der Fähre aufteilt. Ein Seilende ist am Bug (vorn) und eines am Heck (hinten) der Fähre befestigt. Dabei stellt der Fährmann die Haltseile so, dass die Strömung des Wassers das schwere Fahrzeug an das andere Ufer drängt. Das passiert ganz ohne Motorkraft. Das Drahtseil selbst wird im Fluss verankert und mit Bojen gekennzeichnet. In der Flussmitte wird eine Fahrrinne für die Schifffahrt frei gelassen. Heute noch gibt es Gierseilfähren an der Elbe, der Saale und der Weser. Es ist es wunderbares Erlebnis, auf so ruhige Art von einem zum anderen Ufer zu gleiten.

Gierseilfähre bei Breitenhagen

Beantworte die Fragen.

1. Welche Möglichkeiten hat man, wenn man über einen Fluss gelangen will?

2. Wie funktionieren Gierseilfähren?

3. Wie alt ist die Technik, die Flussströmung mithilfe von Seilen für die Fähren zu nutzen?

4. Warum sind Gierseilfähren ein umweltschonendes Transportmittel?

5. An welchen deutschen Flüssen fahren heute noch Gierseilfähren?

Station 6

Ab aufs Fahrrad – die Elbe entlang!

Die 3-Fähren-Tour

Auf einem Abschnitt des Elberadwegs kann man eine interessante Tour machen, auf der man drei verschiedene Fähren benutzt. Wir beginnen unsere 25 km lange Tour in der kleinen Stadt Barby. Mit der Gierseilfähre setzen wir über die Elbe und radeln auf der Landstraße zum kleinen Ort Walternienburg. In südlicher Richtung geht es den Elberadweg entlang durch ein wunderschönes Naturschutzgebiet bis nach Breitenhagen. Dort setzen wir mit einer Gierseilfähre über die Elbe.
Jetzt befinden wir uns in dem Gebiet, wo bald die Saale in die Elbe fließt. Direkt an der Fähre lädt das Museumsschiff „Maria Gerda" zu einer Pause ein.
Auf der Deichkrone führt der gut ausgebaute Radweg entlang eines Auenwalds bis zum Ort Groß Rosenburg. Dort setzen wir mit einer Fähre über den Fluss Saale. Der Saaleradweg führt uns zurück in die Stadt Barby.
Man kann sogar eine kleine Urkunde bekommen, wenn man sich auf der Fähre einen Stempel geben lässt.

Kreuze an, was stimmt.

1. ☐ Bei der 3-Fähren-Tour benutzt man dreimal die gleiche Fähre.
   ☐ Bei der 3-Fähren-Tour benutzt man drei verschiedene Fähren.

2. ☐ Die 3-Fähren-Tour ist 25 km lang und beginnt in Barby.
   ☐ Die 3-Fähren-Tour ist 25 km lang und beginnt in Walternienburg.

3. ☐ Mit einer Gierseilfähre setzt man über die Elbe.
   ☐ Mit einer Gierseilfähre setzt man über die Saale.

4. ☐ Nach Breitenhagen radelt man nur über Landstraßen.
   ☐ Nach Breitenhagen radelt man durch ein Naturschutzgebiet.

5. ☐ Am Museumsschiff „Maria Gerda" kann man eine Rast machen.
   ☐ Das Museumsschiff „Maria Gerda" kann man nur besichtigen.

6. ☐ In Groß Rosenburg setzt man über den Fluss Elbe.
   ☐ In Groß Rosenburg setzt man über den Fluss Saale.

Station 7

Ab aufs Fahrrad – die Elbe entlang!

Recherche im Internet

**Sucht Informationen zu den Themen im Internet.
Verwendet Suchmaschinen oder Webseiten für Kinder.**

Bei Station 3 gibt es eine Karte mit einem Abschnitt des Elberadweges. Welche Sehenswürdigkeiten gibt es jeweils in den Orten?

_____

_____

_____

_____

_____

Wo findest du die „10 Goldenen Regeln" für Kinder im Straßenverkehr? Schreibe drei besonders wichtige auf.

_____

_____

_____

_____

_____

Welche Verkehrszeichen sind für Radfahrer wichtig?

_____

_____

_____

_____

_____

Suche auf der Seite www.elberadweg.de nach großen deutschen Städten, die an der Elbe liegen. Schreibe mindestens drei Namen auf.

_____

_____

_____

_____

Suche auf der Seite www.elberadweg.de nach Übernachtungsmöglichkeiten in Barby. Schreibe drei Namen auf:

_____

_____

_____

Plant eine Radtour an der Elbe entlang. Bedenke diese Fragen:

Wie viele Tage haben wir Zeit? Wo beginnen wir? Wie viel Kilometer können wir pro Tag fahren? Was wollen wir uns ansehen? Wo übernachten wir? Müssen wir die Elbe überqueren? Gibt es dort Brücken oder nehmen wir eine Fähre? Wie wird das Gepäck transportiert? Wie fahren wir nach Hause?

Stationskarten

In der Schule – bei uns und anderswo

Streiten und Vertragen

Station:

In der Natur – unsere heimischen Tiere

Station:

Stationskarten

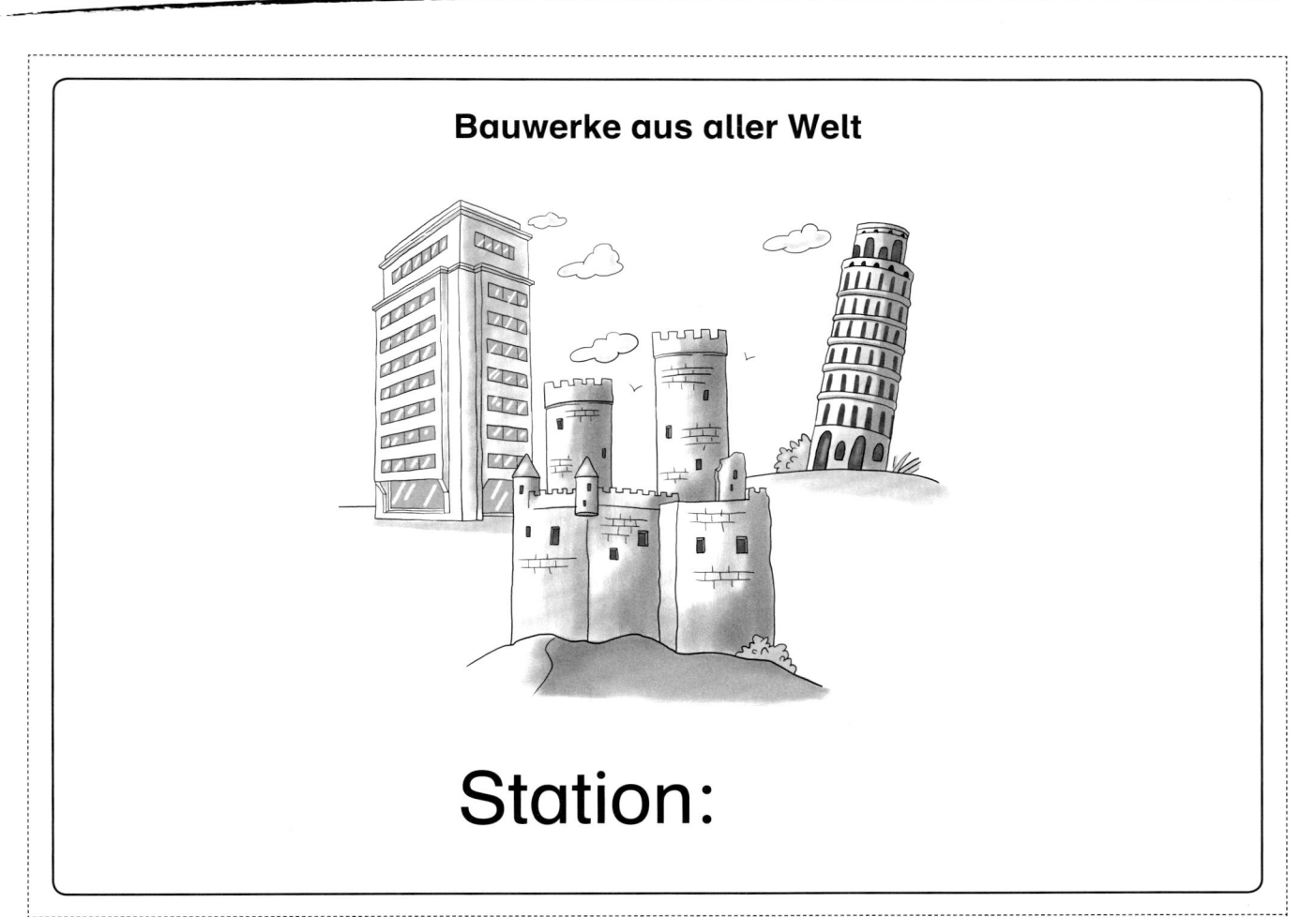

Bauwerke aus aller Welt

Station:

Ab aufs Fahrrad – die Elbe entlang!

Station:

Checkliste: Erledigung von Stationen

Name	Station										
	1	2	3	4	5	6	7	8	9	10	11

Laufzettel

Lernstationen zum Thema: _____

Name: _____

Station	Anmerkung	Erledigt	Kontrolliert
Station			
Station			
Station			
Station			
Station			
Station			
Station			
Station			
Station			
Station			

Beobachtungsbogen für die Lehrkraft

Lerneinheit: _____

Klasse / Jahrgangsstufe: _____

Name des Kindes	bearbeitete Stationen	Hinweise zur weiteren Förderung

Mein Arbeitspass für die Lernstationen

Name: _____

Nummer	Datum	Erledigt: allein – mit einem Partner	So habe ich gearbeitet: ☺ 😐 ☹

Das hat mir gefallen: _____

Das muss ich noch üben: _____

Quellen

Seite 41
Foto: Der Schiefe Turm von Pisa, © Saffron Blaze, gemeinfrei,
http://en.wikipedia.org/wiki/File:The_Leaning_Tower_of_Pisa_SB.jpeg

Seite 46/47
Foto: Burj Khalifa (Burdsch Chalifa), © Donaldytong, gemeinfrei,
http://en.wikipedia.org/wiki/File:Burj_Khalifa.jpg

Seite 47
Foto: Eiffelturm: © Behn Lieu Song, gemeinfrei, http://de.wikipedia.org/wiki/Eiffelturm#mediaviewer/File:Tour_Eiffel_Wikimedia_Commons.jpg

Foto: Fernsehturm: © Taxiarchos228, gemeinfrei,
http://de.wikipedia.org/wiki/Berliner_Fernsehturm#mediaviewer/File:Berlin_-_Berliner_Fernsehturm1.jpg

Foto: Empire State Building, © Jinguang Wang, gemeinfrei,
http://commons.wikimedia.org/wiki/File:Empire_State_Building_all.jpg?uselang=de

Foto: Petronas Towers, © David Block, gemeinfrei,
http://commons.wikimedia.org/wiki/File:Petronas_Towers_at_sunset.JPG?uselang=de

Seite 55
Foto: Gierseilfähre bei Breitenhagen, © Eva-Maria Moerke, privat